BOSQUES TEMPLADOS

Tapetes de hojas

por Laura Purdie Salas

ilustrado por Jeff Yesh

Traducción: Patricia Abello

Agradecemos a nuestros asesores por su pericia, investigación y asesoramiento:

Michael T. Lares, Ph.D., Profesor asociado de Biología
University of Mary, Bismarck, North Dakota

Susan Kesselring, M.A., Alfabetizadora
Rosemount-Apple Valley-Eagan (Minnesota) School District

PICTURE WINDOW BOOKS
Minneapolis, Minnesota

Redacción: Jill Kalz

Diseño: Joe Anderson y Hilary Wacholz

Composición: Angela Kilmer

Dirección artística: Nathan Gassman

Subdirección ejecutiva: Christianne Jones

Las ilustraciones de este libro se crearon con medios digitales.

Traducción y composición: Spanish Educational Publishing, Ltd.

Coordinación de la edición en español: Jennifer Gillis/Haw River Editorial

Picture Window Books

5115 Excelsior Boulevard

Suite 232

Minneapolis, MN 55416

877-845-8392

www.picturewindowbooks.com

Impreso en los Estados Unidos de América.

 Todos los libros de Picture Windows se elaboran con papel que contiene por lo menos 10% de residuo post-consumidor.

Library of Congress Cataloging-in-Publication Data

Salas, Laura Purdie.

[Temperate deciduous forests. Spanish]

Bosques templados : tapetes de hojas / por Laura Purdie Salas ; ilustrado por Jeff Yesh ; traducción: Patricia Abello.

p. cm. – (Ciencia asombrosa)

Includes index.

ISBN 978-1-4048-3866-6 (library binding)

1. Forest animals–Juvenile literature. 2. Forest plants–Juvenile literature.

3. Forests and forestry–Juvenile literature. I. Yesh, Jeff, 1971- ill. II. Title.

QH86.S24318 2008

578.73–dc22   2007036463

Contenido

Tapetes de hojas

Las hojas secas crujen al pisarlas. El Sol brilla por entre las ramas desnudas de los árboles. Las ardillas guardan nueces en los troncos huecos. Es el final del otoño en el ecosistema de bosques templados de hojas deciduas. Un ecosistema es el conjunto de los seres vivos y las cosas sin vida que hay en un lugar. Las plantas, los animales, el agua, el suelo y hasta el estado del tiempo hacen parte del ecosistema.

4

DATO CURIOSO

La palabra *deciduo* significa "que cae". Cada otoño, las hojas de
los árboles deciduos caen al suelo. Si los árboles no perdieran
sus hojas, se secarían durante el invierno y morirían.

América
del Norte

¿Dónde hay bosques?

Los bosques templados de hojas deciduas cubren gran parte del este de los Estados Unidos. También crecen en Europa y Asia.

Estos bosques son comunes donde hay mucha lluvia o nieve y temperaturas de menos de 32 a 80 grados Fahrenheit (-0 a 27 grados Celsius) o más. Necesitan cuatro meses de calor al año.

América
del Sur

BOSQUES
TEMPLADOS DE
HOJAS DECIDUAS

Europa

Asia

África

ECUADOR

Australia

DATO CURIOSO

La palabra *templado* significa "ni muy caliente ni muy frío".
La temperatura en los bosques templados de hojas deciduas
casi siempre permanece dentro de ciertos límites. A veces
hay períodos muy calientes o muy fríos, pero son cortos.

7

Cuatro estaciones

Los árboles de hojas deciduas cambian con las cuatro estaciones. Durante la primavera, comienzan a salir las hojas. Cuando llega el verano, están llenos de hojas verdes.

Primavera

Verano

Entonces llega el otoño. Los días son más cortos y el aire se enfría. Las hojas cambian de color y se caen. En el invierno, la nieve cubre los árboles sin hojas.

Otoño

Invierno

DATO CURIOSO

Los bosques deciduos reciben más lluvia y nieve que cualquier otro ecosistema, con excepción de la selva tropical. Cada año, caen al suelo de 30 a 60 pulgadas (76 a 152 centímetros) de lluvia y de nieve derretida.

Las capas del bosque

Los bosques templados de hojas deciduas tienen cuatro capas.

Las copas de los árboles altos forman el dosel. El dosel es el techo del bosque. Tiene unos 90 pies (27 metros) de altura.

Árboles más bajos y árboles jóvenes forman la segunda capa, llamada sotobosque.

La siguiente capa es el suelo forestal. La forman arbustos, helechos y árboles muertos.

Debajo hay una capa de tierra. Contiene pedacitos de materia vegetal y animal, llamados humus. El humus hace que el suelo sea fértil para los árboles y las plantas.

dosel

sotobosque

DATO CURIOSO

Los árboles que buscan la luz, como el roble, el nogal y el olmo, forman el dosel. Bloquean la luz y le dan sombra al resto del bosque. Las plantas y los árboles de abajo necesitan sombra.

suelo forestal

tierra

Hojas que absorben luz

El arce, el nogal americano y el roble son árboles muy comunes en los bosques templados. Todos tienen hojas anchas y planas que les permiten absorber mucha luz. Los árboles necesitan luz para hacer su alimento.

Arce

Nogal americano

DATO CURIOSO

Casi todas las hojas deciduas tienen una mezcla de colores.
En la primavera y el verano los árboles fabrican mucho alimento
y sus hojas están llenas de un colorante verde. El verde es muy
oscuro y tapa los demás colores. En el otoño, los árboles dejan
de hacer alimento y el verde se desintegra. Entonces vemos
el amarillo y el anaranjado que estaba en las hojas.

Roble

Plantas de sombra

Durante el verano y comienzos del otoño, las plantas pequeñas de los bosques templados no reciben mucha luz. Los árboles altos y frondosos la tapan. Pero hay plantas pequeñas que crecen bien a la sombra, como helechos, musgos y campanillas. Estas plantas se alimentan de los troncos descompuestos de los árboles caídos.

En la primavera, las ramas de los árboles aún no están llenas de hojas. Por eso llega más luz al suelo forestal. La dicentra y la claytonia son dos flores silvestres que brotan a comienzos de la primavera.

DATO CURIOSO

En los bosques deciduos también crecen setas. Las setas son un tipo de hongo. Aunque parecen plantas, los hongos no son plantas. No hacen su propio alimento, como las plantas. Toman el alimento del suelo o de las plantas cercanas.

Animales del bosque

En los bosques templados de hojas deciduas viven animales de todas las formas y tamaños.

Unos son pequeños, como gusanos e insectos, ratones y ardillas rayadas, serpientes y conejos.

Las ramas de los árboles están llenas de arrendajos, pájaros carpinteros, búhos y otras aves.

En el bosque también viven mamíferos grandes, como venados, pumas y osos negros.

Además hay anfibios, como ranas y salamandras.

DATO CURIOSO

Algunos animales del bosque, como las serpientes, las ardillas de tierra y los osos negros, hibernan en el invierno. Después de comer mucho, buscan un lugar seguro y duermen durante los meses fríos.

Bosques en peligro

Los bosques templados de hojas deciduas son fuertes, pero podemos hacerles mucho daño.
Como el suelo es rico en nutrientes, en muchos países se talan los bosques para sembrar cultivos.
También se cortan árboles para usar la madera como combustible. El humo de los carros y de las
fábricas contamina el aire y el agua que un bosque necesita para vivir.

DATO CURIOSO

Los venados también pueden destruir los bosques. Muchos animales grandes que comen venados han muerto. Como resultado, hay demasiados venados. Se comen las flores silvestres y dejan pelado el suelo forestal.

Un bosque muy trabajador

El bosque templado de hojas deciduas es un ecosistema lleno de regalos. Da vivienda a muchos animales. Las raíces impiden que la lluvia arrastre el suelo a los ríos y que se contaminen. Los árboles atrapan el polvo de la brisa y toman dióxido de carbono del aire. Todo esto limpia el aire.

Es importante proteger éste y todos los demás ecosistemas de la Tierra. Cada uno nos brinda regalos muy especiales. Juntos, hacen que nuestro planeta sea un lugar maravilloso para vivir.

DATO CURIOSO

El papel se hace de los árboles. Sin los árboles, no podrías leer
este libro. Muchas compañías de papel tienen programas para
sembrar árboles y reemplazar los que cortan.

Haz un diorama de un bosque templado

QUÉ NECESITAS:

- caja de zapatos
- pintura café y azul
- pincel
- plastilina

- papel de colores
- tijeras
- pegamento
- ilustraciones de animales del bosque, como ardillas, conejos y venados

CÓMO SE HACE:

1. Primero, pon la caja de lado.

2. Pinta el interior de la caja: los lados y la parte de abajo de café y la parte de arriba de azul.

3. Haz los troncos altos de los árboles con plastilina. Haz las hojas del dosel del bosque con papel de colores.

4. Trata de que tu bosque tenga por lo menos un árbol pequeño, un arbusto y plantas pequeñas.

5. Usa papel de colores, plastilina o ilustraciones para hacer los animales del bosque.

6. Ahora, ¿qué cambiarías para que el bosque sea de invierno? ¿Qué colores usarías? ¿Qué animales y plantas agregarías o quitarías?

Datos sobre los bosques templados

- Cuando la temperatura calienta en la primavera, corre la savia de los árboles de arce. Los fabricantes de azúcar recogen la savia y la hierven para hacer jarabe de arce. Se necesitan 40 galones (152 litros) de savia para hacer 1 galón (3.8 litros) de jarabe de arce.

- El castaño americano era común en los bosques de hojas deciduas. En 1904, llegaron a Nueva York árboles de otro país. Esos árboles trajeron una enfermedad llamada plaga del castaño. La plaga afectó a los castaños americanos y todos los árboles grandes murieron.

- El dragón fétido es una planta del bosque que forma sus hojas debajo de la tierra durante el otoño. Al acercarse la primavera, el dragón fétido da calor. El calor derrite la nieve alrededor de la planta y las hojas brotan. El dragón fétido es una de las primeras plantas del bosque que sale en la primavera. Su nombre se debe al feo olor que suelta cuando sus hojas se parten.

Glosario

anfibios (los)—animales de sangre fría que tienen columna vertebral y piel húmeda; por lo general viven en el agua o cerca de ella

deciduo—que pierde sus hojas cada año

dióxido de carbono (el)—gas que los seres humanos y los animales exhalan

ecosistema (el)—lugar con ciertos animales, plantas, tiempo, terreno y agua

hibernar—dormir profundamente o descansar durante el invierno

mamíferos (los)—animales de sangre caliente que alimentan a sus crías con su propia leche

nutrientes (los)—partes de los alimentos que ayudan a un ser vivo a crecer; las vitaminas son nutrientes

templado—ni muy caliente ni muy frío

Aprende más

PARA LEER

Equipo editorial Sigmar. *El bosque en invierno.*
Argentina: Sigmar, 2001.

Equipo editorial Susaeta. *Bosques.*
España: Susaeta, 2006.

Fried, Alejandro. *El bosque.*
España: Guadal, 2005.

EN LA RED

FactHound ofrece un medio divertido y confiable de buscar portales de la red relacionados con este libro. Nuestros expertos investigan todos los portales que listamos en FactHound.

1. Visite www.facthound.com
2. Escriba código: 1404830995
3. Oprima el botón FETCH IT.

Índice

BUSCA MÁS LIBROS DE LA SERIE CIENCIA ASOMBROSA– ECOSISTEMAS:

Bosques templados: Tapetes de hojas

Desiertos: Tierras secas

Humedales: Hábitats húmedos

Océanos: Mundos submarinos

Pastizales: Campos verdes y dorados

Selvas tropicales: Mundos verdes